Animales de

**Texto por
Anjeanetta Prater Matthews**

Aquí está un pájaro.

El pájaro es azul.

2

Aquí está un oso.

El oso es negro.

Aquí está un pollito.

El pollito es amarillo.

Aquí está un gato.

El gato es blanco.

8

Aquí está una víbora.

La víbora es verde.

Aquí está una llama.

La llama es marron.

12

Los animales son de
muchos colores.